La vida al límite

La vida en LAS SELVAS TROPICALES

Tea Benduhn

Consultora de lectura: Susan Nations, M. Ed., autora/
tutora de alfabetización/consultora

WEEKLY READER®
PUBLISHING

Please visit our web site at: www.garethstevens.com
For a free color catalog describing our list of high-quality books, call 1-800-542-2595 (USA) or 1-800-387-3178 (Canada).

Library of Congress Cataloging-in-Publication Data

Benduhn, Tea.
[Living in tropical rain forests. Spanish]
La vida en las selvas tropicales / Tea Benduhn.
p. cm. — (La vida al límite)
Includes index.
ISBN-10: 0-8368-8354-3 (lib. bdg.)
ISBN-13: 978-0-8368-8354-1 (lib. bdg.)
ISBN-10: 0-8368-8359-4 (softcover)
ISBN-13: 978-0-8368-8359-6 (softcover)
1. Rain forests—Juvenile literature. 2. Tropics—Social life and customs—Juvenile literature. 3. Human geography—Juvenile literature. I. Title.
GF54.5.B4618 2008
910.915'2—dc22 2007022901

This edition first published in 2008 by
Weekly Reader® Books
An imprint of Gareth Stevens Publishing
1 Reader's Digest Road
Pleasantville, NY 10570-7000 USA

Managing editor: Mark Sachner
Art direction: Tammy West
Picture research: Sabrina Crewe
Production: Jessica Yanke
Spanish translation: Tatiana Acosta and Guillermo Gutiérrez

Picture credits: cover, title page Justin Guariglia/National Geographic/Getty Images; p. 5 Peter Essick/Aurora/Getty Images; pp. 6, 7, 19 Scott Krall/© Gareth Stevens, Inc.; p. 9 Victor Englebert/Time & Life Pictures/Getty Images; p. 10 Robert Caputo/ Aurora/Getty Images; p. 11 Frans Lemmens/Iconica/Getty Images; p. 13 © Charles O'Rear/Corbis; p. 14 Bart Van Oudenhove; p. 15 Peter Davey/FLPA; p. 16 © Louie Psihoyos/Corbis; p. 17 © Wayne Lawler/Ecoscene/Corbis; p. 20 © George Steinmetz/Corbis; p. 21 Joel Sartore/National Geographic/Getty Images.

Printed in the United States of America

1 2 3 4 5 6 7 8 9 11 10 09 08 07

CONTENIDO

Cubierta y portada: ¡En las selvas tropicales, la mayoría de las plantas son mucho más altas que las personas!

CAPÍTULO 1

Bienvenidos a la selva tropical

El aire es caliente y húmedo. Puedes oler las hojas podridas que cubren el suelo. Hay plantas **venenosas** que podrían matarte si las comes. Entre las sombras se esconden animales peligrosos. Una serpiente de 19 pies (6 metros) de largo es capaz de apretarte hasta acabar contigo y luego tragarte. ¿Dónde estás? ¡Estás en una selva **tropical**!

Una selva tropical es un lugar **extremo** donde vivir. Ningún otro lugar del mundo tiene un aire tan caliente y húmedo como una selva tropical. Todos los días del año llueve. En un año, caen más de 8 pies (2.5 m) de lluvia, una cantidad suficiente para cubrir el baño de tu casa hasta el techo. ¡En algunos lugares, cuando hay inundaciones, el agua puede subir hasta 30 pies (9 m)!

En las selvas tropicales cae una gran cantidad de lluvia.

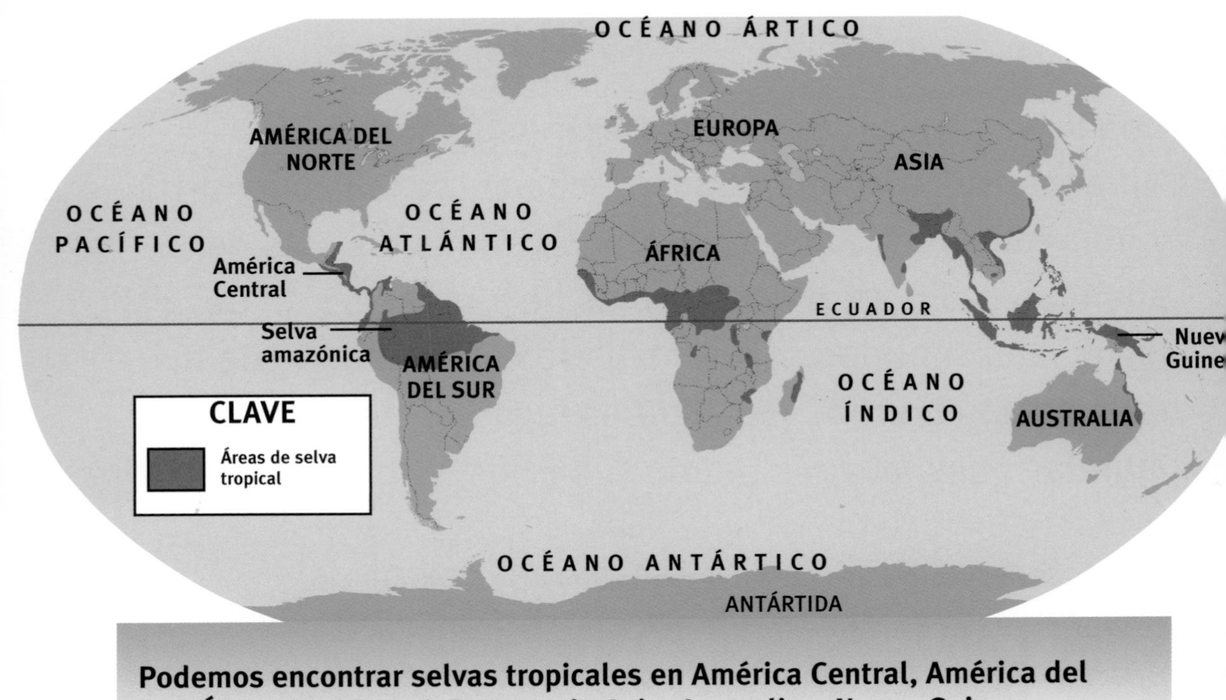

Podemos encontrar selvas tropicales en América Central, América del Sur, África Occidental, Sureste de Asia, Australia y Nueva Guinea.

Las selvas tropicales están situadas a lo largo del **ecuador** de la Tierra. Más de la mitad de las selvas tropicales del mundo se encuentran en América Central y del Sur. La selva amazónica, en América del Sur, es la selva tropical más grande.

En las selvas tropicales hay cinco niveles. El nivel inferior es el suelo de la selva. El siguiente nivel es el matorral. El nivel intermedio recibe el nombre de sotobosque. El cuarto nivel, conocido como dosel, tiene árboles que alcanzan los 165 pies (50 m) de altura. Los árboles más altos sobresalen por encima del dosel, y forman el **nivel emergente**.

Sólo una pequeña parte de la luz solar atraviesa la densa arboleda y alcanza el suelo de la selva. ¡El agua de lluvia tarda diez minutos en llegar al suelo desde el dosel!

CAPÍTULO 2

Los habitantes de la selva tropical

Las selvas tropicales pueden estar llenas de peligros. Sin embargo, mucha gente se siente segura en las selvas. Los seres humanos han vivido en selvas tropicales desde hace miles de años. De hecho, millones de personas encuentran en ellas todo lo que necesitan. La selva les proporciona alimento, refugio e incluso plantas que pueden usarse como medicinas. Para estas personas, la selva tropical es su hogar.

Miles de diferentes **tribus**, o grupos, viven en selvas tropicales de todo el mundo. Cada tribu tiene su propio modo de vida. Las tribus construyen diferentes tipos de viviendas, adecuadas a ese modo de vida. Las tribus de **cazadores-recolectores** levantan refugios que pueden montarse y desmontarse con rapidez. Las de agricultores construyen pequeños poblados que pueden durar algunos años.

Los yanomamis de la selva amazónica viven en una gran construcción llamada yano. Unas veinte familias comparten un yano. Para construir esta gran estructura circular, usan lianas y hojas.

Cientos de dayakos viven juntos en estructuras comunales en Borneo. Estas viviendas están levantadas sobre postes de madera llamados pilotes.

Muchos habitantes de la selva tropical viven en las orillas de los ríos. Aunque los ríos proporcionan agua y pesca, también pueden provocar inundaciones. Algunos pueblos que viven cerca de los ríos en las selvas tropicales construyen sus viviendas sobre pilotes. Vivir a cierta altura del terreno los protege en caso de inundación.

Hace mucho tiempo, sólo vivían en las selvas tropicales los miembros de tribus indígenas. Hoy, algunas personas se desplazan desde las ciudades para usar las selvas para la agricultura o la ganadería. Los científicos estudian las plantas y animales que viven en las selvas tropicales, y tratan de encontrar maneras de proteger las selvas.

Los científicos construyen puentes para estudiar las plantas y animales que viven en lo alto de los árboles.

CAPÍTULO 3

La vida en la selva tropical

La mayoría de la gente que vive en selvas tropicales recoge plantas, raíces y bayas para comer. También pesca o caza animales pequeños. Algunas tribus tienen pequeñas extensiones de cultivos que les proporcionan alimento. Como las plantas crecen todo el año, la selva tropical es un buen lugar para los pueblos de cazadores-recolectores.

Una vez que se ha usado el método de tala y quema en una zona, tienen que pasar unos cincuenta años para que la tierra puede ser usada de nuevo.

Algunas tribus despejan pequeñas zonas de terreno para plantar cultivos. Usan el **método de tala y quema**, prendiendo fuego a esa zona. Después de que los árboles y la maleza se queman, quedan **nutrientes** en el suelo. Sin embargo, el suelo fértil sólo dura unos pocos años. La tribu se desplaza a otra zona para permitir que los árboles vuelvan a crecer.

Los habitantes de las selvas tropicales hacen ropa con **materiales** que encuentran en su entorno. Muchos tejen fibras vegetales. Los ashaninkas de América del Sur usan corteza de árbol para tejer su ropa, que consiste en un largo camisón. Para teñir el camisón de rojo usan colorantes naturales procedentes de plantas.

El camisón rojo de este muchacho está hecho de materiales que se encuentran en la selva.

Para los habitantes de las selvas tropicales, las aves son importantes. Los kalulis de Papúa Nueva Guinea las usan para saber la hora. Se despiertan cuando las aves cantan por la mañana. Los cantos de la tarde les indican que es hora de reunirse para una comida. En África, la gente sigue a unas aves llamadas indicadores, que muestran dónde hay panales de miel de abeja.

Cuando encuentra un panal de miel, el indicador agita las alas. Entonces, la gente abre el panal y toma la miel. La recompensa del ave es una comida de cera de abeja y larvas.

Los tikunas dan forma a una canoa después de ablandar la madera en una fogata. Las canoas les sirven para desplazarse por el río.

Desplazarse por una selva tropical puede ser complicado. Hay que abrirse paso entre la espesa vegetación o entre los árboles. También es posible usar los ríos. Los tikunas de la selva amazónica hacen canoas con troncos de árboles. Usan fuego para ablandar la madera. Después, dan forma al tronco. Estas canoas pueden tener hasta 40 pies (12 m) de largo.

Hoy en día, algunas personas despejan zonas de selva tropical para hacer carreteras. En Brasil, el gobierno ha **fomentado** el uso de zonas de selva tropical para la agricultura y la ganadería. Las carreteras facilitan el acceso a la selva. Para hacer las carreteras, es necesario cortar muchos árboles.

Las grandes ruedas de un camión pueden moverse fácilmente en el terreno accidentado. Las carreteras facilitan el desplazamiento, pero también destruyen grandes extensiones de selva.

CAPÍTULO 4

Los seres humanos y la selva tropical, hoy

Los seres humanos utilizan los **recursos** naturales de las selvas tropicales. Plantan cultivos en granjas y crían ganado en ranchos. Los cultivos y la carne son enviados a Estados Unidos y otras naciones. También se cortan árboles para hacer muebles con la madera.

Las zonas de color verde oscuro muestran las áreas de selva tropical que existen actualmente. Las zonas de color gris muestran las áreas de selva tropical que han sido taladas.

Cada año, el mundo pierde un área de selva tropical del tamaño de Pennsylvania. Cuando extensas áreas de selva tropical desaparecen, no vuelven a crecer plantas nuevas. No hay nada que retenga el terreno, y éste es arrastrado por la lluvia. Lluvias torrenciales provocan **desprendimientos de tierras** e inundaciones. Cada año aumenta la cantidad de terreno arrastrado por el agua.

La gente planta eucaliptos porque crecen con rapidez.

Cuando las compañías despejan extensas áreas de selva tropical, las tribus indígenas y los animales pierden su hogar. En los últimos años, hemos aprendido que es necesario proteger las selvas tropicales. La protección de las selvas ayuda a que los pueblos indígenas conserven sus tierras. Algunos gobiernos fomentan la plantación de árboles por la gente de la zona.

Los científicos también quieren proteger las selvas tropicales. Las selvas contienen muchos recursos naturales. Algunas plantas, por ejemplo, pueden curar enfermedades. En las selvas tropicales viven más animales que en cualquier otro lugar del mundo. ¡Aún tenemos mucho que aprender sobre ellas!

Las selvas tropicales contienen muchos secretos. El mundo será un lugar mejor si las protegemos.

Glosario

cazadores-recolectores — grupos humanos que cazan animales y buscan plantas y otros alimentos

desprendimientos de tierras — movimiento repentino de grandes masas de tierra y rocas deslizándose por una ladera

ecuador — línea imaginaria que corta la Tierra por la mitad entre el Polo Norte y el Polo Sur

extremo — que tiene algo, como la cantidad de lluvia, en mayor grado de lo habitual

fomentar — tratar de persuadir a una persona o a un grupo de personas de que hagan algo

materiales — sustancias que se usan para hacer cosas

método de tala y quema — manera de cultivar en la que se cortan y se queman zonas de selva tropical para plantar cultivos en el terreno. Los campesinos se desplazan a otras zonas después de algunas estaciones para permitir que el suelo se recupere.

nivel emergente — árboles que sobresalen del dosel de la selva tropical

nutrientes — sustancias que ayudan a crecer a los seres vivos

recursos — bienes naturales que la gente usa para mejorar su vida

tribus — grupos de personas que viven juntas y comparten un modo de vida

tropical — se dice de las regiones de la superficie terrestre que se encuentran cerca del ecuador. Las áreas tropicales suelen ser calurosas y húmedas.

venenoso — que contiene una sustancia que puede matar o dañar

Más información

Libros

La selva tropical. Discovery Guides: Rainforest Worlds (series). Rosie McCormick (Two-Can Publishers)

Selva lluviosa. Mundo natural (series). Barbara Erakko Taylor (Silver Dolphin)

Índice

Información sobre la autora

Tea Benduhn escribe y corrige libros para niños y adolescentes. Vive en el bello estado de Wisconsin con su esposo y dos gatos. Las paredes de su casa están cubiertas de estanterías con libros. Tea dice: “Leo todos los días. ¡Es más divertido que ver televisión!”.